結構式遊戲治療
技巧實務練習本

五南圖書出版公司 印行

目　錄

1-1「設定界線」實例情境練習與討論

實例情境1-1

在遊戲治療單元的開始，治療師很具體的對兒童做時間的設定。

目標

請你指出治療師如何將時間的設定做到符合設定界線的幾個要點。

	心理師的口語內容	技巧	說明
1-1-1	CO：○○，來！你來看這個時鐘（牽著兒童的手）		
1-1-2	CL：（跟著心理師的手勢，看著時鐘）		
1-1-3	CO：這長長的針走到7。我們就要結束遊戲，去找媽咪了。		
1-1-4	CL：（點點頭）		
1-1-5	CO：現在，你看這裡的所有玩具，你都可以玩，你要玩什麼都可以。		
1-1-6	CL：好！（兒童走到一個遊戲櫃，拿出一個時鐘玩具，然後看著時鐘玩具）		
1-1-7	CO：嘩！你在看那個時鐘啊！		
1-1-8	CL：（放下時鐘玩具）		
1-1-9	CO：嗯，不想玩這個。		
1-1-10	CL：（看著遊戲室）好多玩具喔！		
1-1-11	CO：哦！是噢，很多玩具哦！ ○○都想玩！		

整體感受

實例情境1-2

　　治療師在遊戲治療結束單元，透過遊戲治療的小書與兒童進行歷程回顧，同時也是宣告結構式遊戲治療的結束。

目標

1. 請你體驗一下這樣的結束過程，兒童的感受會是什麼？尤其是在回顧歷程小書，以及擁有這本小書的感受會是什麼？
2. 過程中，印象最深刻的地方是哪裡？為什麼？

	心理師的口語內容	技巧	說明
1-2-1	CO：我們要說再見了，今天是最後一節課，你心裡面有什麼感覺呢？		
1-2-2	CL：不捨！		
1-2-3	CO：有點不捨得，我也是，我也有點不捨得。所以呢，老師就給你準備了一個小禮物。 哎！你看看這個小禮物是什麼！		
1-2-4	CL：這是我以前拍的，「欸！」		
1-2-5	CO：欸！這是你以前拍的打招呼的照片！		
1-2-6	CL：這次你把它剪出來了。		
1-2-7	CO：我把它剪出來了。		
1-2-8	CL：第一節，第一節。		
1-2-9	CO：這是我們第一節課，你記得……		
1-2-10	CL：這是什麼？這是誰呀？		
1-2-11	CO：這是……		
1-2-12	CL：（一起）我的小狗。		
1-2-13	CO：你認出它來了。		
1-2-14	CL：這是在幹嘛呢？玩兒？		
1-2-15	CO：嗯，在玩。		
1-2-16	CL：貓頭鷹。		

	心理師的口語內容	技巧	說明
1-2-17	CO：哦，在給你介紹貓頭鷹。 現在是……		
1-2-18	CL：玩。		
1-2-19	CO：在玩，在玩沙。		
1-2-20	CL：然後呢，這個在畫畫。		
1-2-21	CO：對，你特別喜歡去那個小黑板那裡畫畫。 你在……？		
1-2-22	CL：玩，玩那個餐具。		
1-2-23	CO：你在玩餐具。		
1-2-24	ＣＬ：看這個，我又在那裡畫畫。		
1-2-25	CO：你又在畫畫，對，你特別喜歡那個黑板，常常在那裡畫畫。		
1-2-26	CL：好了，這個在、也在玩沙，抱著那個狗狗。		
1-2-27	CO：對了，抱著狗狗在玩沙。		
1-2-28	CL：還有這個，這個你拍的！		
1-2-29	CO：對，你有記得。我們弄裡面的玩具。		
1-2-30	CL：這個是你。		
1-2-31	CO：是我。這個寫的是什麼？		
1-2-32	CL：美麗──（師生一起）的回憶！		
1-2-33	CO：一個很難忘的回憶。		
1-2-34	CL：我在那裡畫畫。		
1-2-35	CO：啊哦，每節課你都在那裡畫畫。		
1-2-36	CL：然後那個是成功！		
1-2-37	CO：嗯，是的，你都有記得。		
1-2-38	CO：它陪了你好多節課，陪了你八次課啊！		
1-2-39	CL：它那次跟那兩個貓頭鷹玩捉迷藏。		
1-2-40	CO：你記得非常清楚，跟它每一次在一起的事情你都記得。它可以跟你回家了。		

	心理師的口語內容	技巧	說明
1-2-41	CL：真的嗎？		
1-2-42	CO：因為它是你跟老師在一起的時候，這麼多節課，我們共同的──		
1-2-43	CL：記憶嗎？		
1-2-44	CO：對，這是我們共同的記憶。		
1-2-45	CL：真的可以帶回家嗎？		
1-2-46	CO：對，你可以把它帶回家，然後你每次想我的時候，也可以看看狗狗，你想起……		
1-2-47	CL：把它吐出來！（孩子把玩著小狗布偶）		
1-2-48	CO：哈哈，狗狗又把它吐出來了。 每次跟它們一玩你就就會想起當年我跟黃老師也是這麼玩的。		
1-2-49	CL：咿，又在打招呼了。		
1-2-50	CO：你又在打招呼了，好像又回到了課堂一樣。 那好，我們要結束了！說再見！抱抱！		

整體感受

1-2 「設定界線」模擬情境演練

扮演重點提示

1. 扮演兒童者主要就是聆聽治療師描述時間或其他的界線內容。若當下有任何感受或想法，就自發演出即可。
2. 兒童在聆聽治療師的界線說明時，可以自發地提出一些好奇或疑惑。

目標

就是能具體的對孩子說出明確的界線

模擬情境

以下所有的情境僅是提供一個方向，扮演兒童者可以根據扮演治療師的回應，參酌上述的重點提示自發地扮演下去。

1-1. 兒童看到一個好喜歡的玩具，向治療師索取這個玩具。

1-2. 治療師運用遊戲治療歷程小書，與兒童一起回顧整個遊戲治療歷程，並跟兒童做結束與說再見。

1-3. 治療師告知兒童遊戲時間還剩5分鐘，然後時間到了，要跟兒童做本單元的結束。

1-4. 兒童要求媽媽陪她玩，此時媽媽還有一件事情要忙，忙完之後才能跟兒童玩。媽媽要怎麼回應孩子？

2-1 「提供自由」實例情境練習與討論

實例情境2-1

　　兒童今天到遊戲室時，明顯看出來他很不開心，不說話，表情很嚴肅。遊戲單元一開始，就邀治療師來玩對打遊戲。過程中，兒童應用不同物件展現他的能力，他有能力可以打倒治療師。

　　過程中，治療師一邊配合兒童與他玩對打遊戲，一邊又要做反應。

目標

1. 整個遊戲治療過程中，有感受到治療師「提供自由」的態度嗎？
2. 治療師的哪些口語反應，具有促進遊戲進行的效果？
3. 你覺得這樣的一個遊戲過程，可能可以產生怎樣的效果？整個過程是否看到孩子的能力展現，及提升兒童自尊的效果。

	心理師口語內容	技巧	說明
2-1-1	CO：哇，這個大金箍棒！		
2-1-2	CL：（用一隻手轉動手裡的金箍棒）		
2-1-3	CO：噢，咦，你可以一隻手轉它欸。你可以一隻手把它轉起來。		
2-1-4	CL：（拿著金箍棒打心理師手裡的玩具）		
2-1-5	CO：啊，怎麼辦怎麼辦！ 咚咚咚。		
2-1-6	CL：該你出招了。		
2-1-7	CO：該我了，毛毛，我派你出征。 咚咚咚！（隨即被兒童打倒在地上） 嘟！（心理師改拿拿著布偶客體，向兒童揮舞）		

	心理師口語內容	技巧	說明
2-1-8	CL：這是什麼招哇？（換了一把扇子）該我出招啦。		
2-1-9	CO：欸，哇！啊，哦，這個扇子，好厲害，我都被打的吐血了，噢，又來了一個，連環招。		
2-1-10	CL：（用手不停舞動扇子）		
2-1-11	CO：哦，啊，啊啊啊啊啊，我感到了一股風出來。		
2-1-12	CL：（繼續揮動扇子，把布偶客體打倒）		
2-1-13	CO：嘿嘿，我起來了。哈哈哈。		
2-1-14	CL：（再次用扇子將布偶客體打倒）		
2-1-15	CO：哎呦喂，我又被打敗了。		
2-1-16	CL：（用扇子將布偶客體壓在下面）		
2-1-17	CO：欸，又被壓住動不了了！ 啊，怎麼辦呢！啊！		
2-1-18	CL：還有5秒鐘，開始報時了，你要起不來的話就不行了。		
2-1-19	CO：我要起來，快快快，啊，起來了。		
2-1-20	CL：起來了。（伸手將心理師拉起來）		
2-1-21	CO：你拉了我一把，我就起來了。		
2-1-22	CL：（接著打）		
2-1-23	CO：我要用它了這次，我會變得很厲害呦！咚咚，我可是很厲害滴哦！（心理師邊反應邊拿起一把玩具劍）		
2-1-24	CL：你要和我擊劍呢！（開始拿起一把劍跟心理師的劍對打）		
2-1-25	CO：（心理師的劍被打掉下去）哎呀，我的劍怎麼都被打掉啦！唉呀！我的武器都沒有了，怎麼辦呀！		
2-1-26	CL：（很開心很有能力將劍舉的高高的）		
2-1-27	CO：看我赤手空拳，我也可以的，呀呀呀。		
2-1-28	CL：你居然用你的手和我打。		

	心理師口語內容	技巧	說明
2-1-29	CO：我一定可以的，咚咚咚！（和兒童對打）		
2-1-30	CL：看我的厲害！（快速出拳）		
2-1-31	CO：啊啊啊啊啊，唉呀，我怎麼又被打倒了！（心理師被擊中）		
2-1-32	CL：再來！（繼續向心理師出拳）		
2-1-33	CO：這次摔跤了，還是這樣子摔的跤，我又輸掉了。（心理師倒在地上）		
2-1-34	CL：你又起來了，你起來了，可以和我打了。（兒童再次伸手過去把心理師拉起來）		
2-1-35	CO：我這次，看看，我要拿兩個武器。（心理師選了一個超人玩偶和手榴彈。然後用手榴彈丟向兒童，但沒丟中，然後開始揮舞超人玩偶）		
2-1-36	CL：還沒有我的小東西靈呢。看起來挺好玩的呀！（兒童拿著手上的戰士玩具，開始跟心理師手上的超人玩偶對打）		
2-1-37	CO：啊，這麼厲害呢！（超人倒了下去）		
2-1-38	CL：你還需要多練習，你應該多贏幾次的。可以聽一會兒音樂嗎？（很開心地說）		

整體感受

實例情境2-2

　　是一位很退縮、沒自信的小女生。在此遊戲單元過程，兒童躲到帳篷裡，發出各種聲音，一段時間之後跑了出來，在遊戲櫃選了撲克牌之後，又進去帳篷中，繼續發出類似唱歌的聲音。最後把一個車子推了出來。

目標

1. 請指出治療師哪些地方做到了「提供自由」的技巧或氛圍。
2. 請你體驗以下，整個過程兒童的感受是什麼？
3. 分享你對「提供自由」技巧的體會為何？

	心理師的口語內容	技巧	說明
2-2-1	CL：（躲在帳篷裡發出各種聲音）		
2-2-2	CO：哎呦……還有嗚嗚的聲音（……）嗯嗯嗯（ehei...）ehei。		
2-2-3	CL：（繼續發出各種不同的聲音）		
2-2-4	CO：越來越多不一樣的聲音出來yeah！		
2-2-5	CL：（在帳篷裡繼續發出不同聲音）eh eh...（eheheh...）hei。		
2-2-6	CO：eh eh...（eheheh...）hei...有怪聲eh...。（eh eh...）		
2-2-7	CL：（在帳篷裡繼續發出不同聲音）（eh...eh...eh...）		
2-2-8	CO：（eh...eh...eh...）是○○發出來的聲音。		
2-2-9	CL：（在帳篷裡繼續發出不同聲音）（ah...babababa...）ah...babababab hohoho。		
2-2-10	CO：（ah...babababa...）ah...babababa是什麼呢？hohoho開心哦！		
2-2-11	CL：（在帳篷裡繼續發出各種各樣，高低不一聲音）		
2-2-12	CO：原來可以發出各種各樣聲音的是○○她。		

	心理師的口語內容	技巧	說明
2-2-13	CL：（在帳篷裡繼續發出各種各樣，高低不一聲音）eheheheheh。		
2-2-14	CO：（eheheheheh）嗯，會用你的嘴巴做各種各樣的聲響哦，很有聲音效果噢！		
2-2-15	CL：eheheheheh...（在帳篷裡繼續發出類似雞叫的聲音）		
2-2-16	CO：（kukukuku...）喔……現在扮雞叫嘎kukukuku。		
2-2-17	CL：（走出帳篷）		
2-2-18	CO：出來了。阿阿阿阿好好玩哦！會用各種聲音效果吔今天。		
2-2-19	CL：（拿了撲克牌，再次進到帳篷裡繼續發出各種聲音）		
2-2-20	CO：拿撲克牌？拿撲克牌進去了又把門關起來（pukepai...）拿pukepai……阿阿。		
2-2-21	CL：（發出類似歌曲的聲音）		
2-2-22	CO：（lalalala...）ooi...很開心的在唱歌吔。		
2-2-23	CL：（發出類似歌曲的聲音）		
2-2-24	CO：嗯，是很有節奏感的哦嗯，我很仔細的聽……		
2-2-25	CL：（從帳篷裡推一個車子出來，表情很放鬆愉悅）		
2-2-26	CO：哦……推出來了。我覺得你今天的臉真的很舒服很開心的樣子啊！		

整體感受

實例情境2-3

　　兒童在玩扮家家酒，要求心理師回答問題，然後要求布偶模仿兒童用棍子敲節奏。心理師拿著布偶及棍子敲節奏。

目標

1. 請指出哪些口語反應是屬於「提供自由技巧」並以此練習。
2. 體會並分享心理師真誠專注地由孩子來主導整個遊戲過程。尤其是那種打自內心欣賞而自然地類似配音式的反應，都還可以讓孩子感受到被欣賞、接納及肯定的感覺。
3. 體會如何輕鬆自在地配合孩子的扮演或做他們要我們做的活動，分享這樣的感受。

	心理師的口語內容	技巧	說明
2-3-1	CL：芭比，芭比，奇怪了，咦，紅色跟藍色呢？點點你回答。		
2-3-2	CO：紅色和藍色恩，沒有，現在只要綠色的和紫色的。		
2-3-3	CL：（拿一個小棍子敲打）		
2-3-4	CO：嗒嗒，嗒嗒嗒，嗒嗒，嗒嗒嗒，嗒嗒，嗒嗒嗒。		
2-3-5	CL：你說好不好玩？		
2-3-6	CO：恩，用這個棍子還可以敲一敲，打節奏。		
2-3-7	CL：要不要給點點敲敲？		
2-3-8	CO：嗒嗒，嗒嗒嗒，嗒嗒，嗒嗒嗒（布偶客體拿著棍子在敲打）		
2-3-8	CL：給我。		
2-3-9	CO：給你。		

整體感受

2-2「提供自由」模擬情境演練

扮演重點提示

1. 扮演兒童可以刻意提問一些想徵求治療師同意的問題。
2. 扮演兒童刻意拿某個玩具在玩，但這卻不是該玩具的本質，如把積木當汽車、船或飛機。
3. 扮演兒童者邀請治療師玩一個互動或類似戲劇扮演的遊戲。扮演兒童者就自發地玩下去。

目標

1. 能流暢地做出「提供自由」技巧的前四個要點。
2. 能輕鬆自在地建立「提供自由」的氛圍。
3. 能體會到「提供自由」對遊戲治療或陪伴的影響與效果。

模擬情境

　　以下所有的情境僅是提供一個方向，扮演兒童者可以根據扮演治療師的回應，參酌上述的重點提示自發地扮演下去。

2-1. 這邊的玩具真的都可以玩嗎？

2-2. 老師，我們來玩三隻小豬的故事。

2-3. 拿著刀子在娃娃身上比畫，皺一下眉頭，繼續在娃娃身上比劃。過了一段時間說：「好了，治療好了」。

2-4. 老師，你跟我一起玩員警抓小偷的遊戲。

2-5. 我現在是老闆，老師你演客人來買東西。

3-1「追蹤描述行爲」實例情境練習與討論

實例情境3-1

　　兒童玩拼圖遊戲，諮商師跟隨反映，兒童一邊拼圖，一邊因爲諮商師的反應就玩了起來，故意搖頭、點頭，並把拼圖拿起來往自己頭上倒下來，然後哈哈大笑。玩過之後，就又開始進行拼圖。

目標

1. 請指出哪些口語反應是屬於「追蹤描述行爲技巧」並以此練習，試著做到很口語的反映「追蹤描述行爲技巧」。
2. 體會並分享「諮商師要融入孩子的遊戲中，感覺就好像是自己在玩」的感覺。
3. 體會何謂「反映能量要夠」，並討論之。
4. 體會孩子刻意的點頭、搖頭，而諮商師在旁邊緊密跟隨反映時，兒童當下的心情如何？

	心理師的口語內容	技巧	說明
3-1-1	CL：（拿起一片拼圖）		
3-1-2	CO：你拿了一片。		
3-1-3	CL：（看著拼圖板）		
3-1-4	CO：你在想著要放哪裡。		
3-1-5	CL：（在一個位置比劃了一下）		
3-1-6	CO：是不是那一片？		
3-1-7	CL：（拼圖對不上，繼續看著拼圖板）		
3-1-8	CO：不是啊。還要想多一下。		
3-1-9	CL：（放對了，笑）		
3-1-10	CO：哇！對上了耶！好開心哦！		
3-1-11	CL：（又拿起那片拼圖）		
3-1-12	CO：又拿回了……還要再想一下……（拖長音調）		
3-1-13	CL：（手中那片拼圖掉到地上）在哪裡？		

	心理師的口語內容	技巧	說明
3-1-14	CO：咦，掉到地上啦！掉到哪兒去了呢？		
3-1-15	CL：（先後拿起另兩片拼圖）		
3-1-16	CO：拿了另外一片，再拿了另外一片。		
3-1-17	CL：（先後放在同一個位置比劃）		
3-1-18	CO：你拿這片放在那個位置看了看，再換一片放在那看。你在想，這樣放可以嗎？那樣放可以嗎？		
3-1-19	CL：（搖頭）		
3-1-20	CO：你搖一搖頭，不可以。		
3-1-21	CL：（搖頭，點頭，搖頭，點頭，搖頭，笑了）		
3-1-22	CO：你搖搖頭，又點點頭，再搖搖頭，再點點頭，又搖搖頭，哈哈，你笑了！好開心哦！		
3-1-23	CL：（手放進拼圖盒子裡不停翻拼圖）		
3-1-24	CO：你很認真地在裡面一直挖一直挖一直挖，一直找一直找一直找。（音調配合著兒童翻拼圖動作的速度）		
3-1-25	CL：（邊翻邊笑）		
3-1-26	CO：你又笑了哦！很開心啊！		
3-1-27	CL：（把拼圖拿起來往自己頭上倒下來）		
3-1-28	CO：哇！把它倒在頭上了！		
3-1-29	CL：（拼圖撒一地）		
3-1-30	CO：撒到滿地都是了。		
3-1-31	CL：（哈哈大笑）		
3-1-32	CO：哈哈哈！你笑得很開心啊！		
3-1-33	CL：（拿起一片拼圖）		
3-1-34	CO：拿了一片。		
3-1-35	CL：（擺對了）		
3-1-36	CO：你擺上去，耶！就是這裡！你做到了耶！		

整體感受

實例情境3-2

　　兒童建構了一個類似工地的場景，有圍牆有挖土機，但在遊戲過程中，用地墊做的圍牆倒了下來，兒童試圖將此圍牆重新立起來，但這個圍牆一直倒下去，兒童想辦法用其他玩具來頂著，不讓圍牆倒下去。

目標

1. 請指出哪些口語反應是屬於「追蹤描述行為技巧」並以此練習，試著做到很口語的反映「追蹤描述行為技巧」。
2. 體會並分享「諮商師要融入孩子的遊戲中，感覺就好像是自己在玩」的感覺。
3. 體會何謂「反映能量要夠」，並討論之。
4. 體會輕鬆自在的跟隨、做反應，不用擔心孩子做不好，或想過去幫忙，反映能量要夠。

	心理師的口語內容	技巧	說明
3-2-1	CO：哇，挖土機……挖土機要把它拿上來一點點噢。		
3-2-2	CL：（將車一輛接一輛開出去）		
3-2-3	CO：一輛車過去了……第二……		
3-2-4	CL：（很大力開車出去，車把地墊豎起來做的圍牆撞倒了）		
3-2-5	CO：噢噢，圍牆倒了……		
3-2-6	CL：（把地墊重新豎起來）		
3-2-7	CO：把它弄起來，再放回剛剛的位子		
3-2-8	CL：（讓地墊站穩圍好）		
3-2-9	CO：咦，這樣就可以站好噢！		
3-2-10	CL：（圍牆又倒了，笑了）		
3-2-11	CO：啊……又再倒了……（笑）		
3-2-12	CL：（重新再把圍牆架起來）		
3-2-13	CO：重新再把它們架好。		
3-2-14	CL：（檢視圍牆是否會被風吹倒）		

	心理師的口語內容	技巧	說明
3-2-15	CO：嗯……穩固了嗎？哦，有點太大風哦		
3-2-16	CL：（找不同東西頂住圍牆）		
3-2-17	CO：搖搖搖！圍牆還在搖耶！		
3-2-18	CO：在找其他的辦法……頂著它！		
3-2-19	CL：（試圖把圍牆在地上鋪平，再立起來，找其他東西支撐住）		
3-2-20	CO：嗯……弄平它可能會站得比較好噢！		
3-2-21	CL：（用一個床和一輛車頂住，不穩）		
3-2-22	CO：然後你用一個床，和一輛車把它頂著。		
3-2-23	CL：（加多一張床頂住，圍牆沒倒）		
3-2-24	CO：用兩張床把它頂著噢……		
3-2-25	CL：（抬高挖土機開車）		
3-2-26	CO：Hmm……挖土機好像要抬高，開始工作了哦！		
3-2-27	CL：（又開一個拖車過去）		
3-2-28	CO：轉……哇，一個拖車，也跑過去它的隔壁哦！		
3-2-29	CL：（車又把圍牆撞倒了）		
3-2-30	CO：哎喲哎喲，又再倒了耶！		
3-2-31	CL：（先在地上鋪平圍牆，再彎曲起來擺放）		
3-2-32	CO：噢……你找到方法怎樣弄它了……哦，要先把它鋪平……然後再把它彎曲起來。		
3-2-33	CL：（看著圍牆這次穩固了）		
3-2-34	CO：咦，好像可以穩固了哦！		
3-2-35	CO：耶！真的站穩了耶！		

整體感受

實例情境3-3

　　兒童玩黏土的遊戲，過程中幾乎是不發一語，就是專注的壓、捏、搓黏土等遊戲行為，然後做成一個人物造型的黏土作品，心理師就是緊密的跟隨。

目標

1. 請指出哪些口語反應是屬於「追蹤描述行為技巧」並以此練習，試著做到很口語的反應「追蹤描述行為技巧」。
2. 體會並分享「心理師要融入孩子的遊戲中，感覺就好像是自己在玩」的感覺。
3. 體會即使大多數都是「追蹤描述行為技巧」的反應，要如何做到不會讓兒童覺得很煩，或幹嘛心理師要一直說話一直說話。

	心理師的口語內容	技巧	說明
3-3-1	CL：（用黏土做了一個圓圈）		
3-3-2	CO：你拿了黏土，做了一個圓圈圈。		
3-3-3	CL：（又用黏土做了一個圓圈）		
3-3-4	CO：你又做了一個圓圈圈，哇，兩個圓圈圈，圓圓的哦。		
3-3-5	CL：（專心捏黏土）		
3-3-6	CO：你做的很專心哦。		
3-3-7	CL：（把黏土捏幾下，壓扁，壓成方形）		
3-3-8	CO：把黏土捏一捏，再捏一捏，把它壓壓扁，壓得有點四方方的。		
3-3-9	CL：（把方形接到圓圈上）		
3-3-10	CO：哦，把它接上去了，那看起來好像什麼？		
3-3-11	CL：（繼續捏，壓）		
3-3-12	CO：○○繼續捏，把它壓一壓，很用心的壓哦！		
3-3-13	CL：（拿一塊新黏土搓圓）		

	心理師的口語內容	技巧	說明
3-3-14	CO：再拿一塊新的黏土，搓搓，搓圓圓。		
3-3-15	CL：（把圓圈捏成兩半，各自搓）		
3-3-16	CO：再把它捏成兩半，又把它搓一搓，再接到一起。		
3-3-17	CL：（一直搓和捏）		
3-3-18	CO：你一直搓，一直捏。		
3-3-19	CL：（弄成圓形）		
3-3-20	CO：把它弄成一個圓圓，接起來，……，嗯……（拖長語氣）這看起來好像是書包哦……		
3-3-21	CL：（把黏土書包放在之前做好的黏土小人手上）		
3-3-22	CO：哦，原來是給他做的書包啊！他沒有書包啦！是你幫他做的呢！		

整體感受

3-2「追蹤描述行爲技巧」模擬情境演練

扮演重點提示

1. 扮演兒童在玩不同的玩具，並且不講話。
2. 扮演兒童的遊戲動作及內容儘量明確清楚。讓治療師可以練習做此技巧反應。

目標

1. 就是能很流暢且投入的具體反映孩子的行爲。
2. 做到全神貫注的氣氛。
3. 感受到什麼較高能量、有能量的陪伴。

模擬情境

3-1. 兒童在梳嬰兒娃娃的頭髮、整理其衣服，想把她打扮得很漂亮。

3-2. 兒童在廚房玩具前，玩著開瓦斯、煮食物的遊戲內容。

3-3. 兒童把士兵、坦克車、飛機……等軍隊玩具，擺設的上在地上，並依不同顏色分類，似乎是在做兩軍對抗的遊戲內容。

3-4. 兒童打開蠟筆盒，先是拿出紅色再右上角畫一個圓圈圈，再塗出太陽形狀。再拿另一顏色，在太陽旁邊塗了幾朵白雲……

3-5. 兒童把所有汽車拿了下來，然後將汽車排的很整齊，然後一輛一輛的往前衝。

3-6.兒童將疊疊樂一個一個抽出來，又往上疊。

4-1「提升自尊」實例情境練習與討論

實例情境4-1

兒童在玩軌道汽車，但軌道不夠長，會掉進水裡（兒童的想像），其中又有一個轉彎處，要及時調整好讓車子通過，兒童在面對這些境時不斷地想辦法的一個過程。

目標

1. 請指出哪些口語反應是屬於「提升自尊技巧」並以此練習，試著做到口語化的反映「提升自尊技巧」
2. 體會並分享諮商師真誠專注看到孩子展現能力，打自內心欣賞而自然反應一些讚歎及欣賞音調語助詞的「提升自尊技巧」的感覺。
3. 體會何謂「反映能量要夠」，並討論之。

	心理師的口語內容	技巧	說明
4-1-1	CL：啊！走快一點！走這裡才對。		
4-1-2	CO：嗯，你知道它走那邊才對。		
4-1-3	CL：（著急，驚訝的語調）啊……掉水裡邊了！		
4-1-4	CO：（模仿兒童的語調）哎呀，掉進去水裡面了，怎麼辦？		
4-1-5	CL：啊，我想辦法了。		
4-1-6	CO：嗯，你要想辦法了！		
4-1-7	CL：想到一個辦法……轉……		
4-1-8	CO：（聲音略高）哇，想到辦法了，要轉……（拖長音）！		
4-1-9	CL：（語速較快，語調急促）快點……快點！		
4-1-10	CO：（模仿兒童語調）快點快點，快點！誰快點吶？		
4-1-11	CL：（比較大聲的講）那個啦！		

	心理師的口語內容	技巧	說明
4-1-12	CO：那個誰呀？		
4-1-13	CL：（看向心理師）那個轉啦！		
4-1-14	CO：哦，要轉的快才能通過去！		
4-1-15	CL：快點啦，我們要走啦！（車子順利轉彎過去）		
4-1-16	CO：噢，要走了啦！（興奮狀，語調略高）		
4-1-17	CL：哎呀，少了！ （車子走到這邊，發現已經沒有軌道了）		
4-1-18	CO：啊，怎麼辦？（略帶失望，有些傷心）		
4-1-19	CL：（重新連接軌道）連好了。		
4-1-20	CO：（興奮的語氣）哇，你把它們重新連接好了！		
4-1-21	CL：這個是直直走這裡吧！		
4-1-22	CO：嗯，你想怎麼走就怎麼走。		
4-1-23	CL：走這裡。（很開心，有些激動）Yeah……完成了！我們可以走了。		
4-1-24	CO：哇，你完成了，太開心了，我們終於可以走了。		
4-1-25	CL：Chu......chu......		
4-1-26	CO：Chu......chu......喔！（語調略高，很高興）哇……你帶著小汽車穿過去咯！		

整體感受

實例情境4-2

　　兒童在玩救火車的遊戲，撲滅火之後，諮商師反映要回家了，兒童說還沒有，還要再去救火。

目標

1. 體會兒童透過這樣的遊戲內容及過程，讓兒童自身感受到自己是很有能力的。
2. 體會並分享諮商師真誠專注看到孩子展現能力，打自內心欣賞而自然反應一些讚歎及欣賞音調語助詞的「提升自尊技巧」的感覺。
3. 討論當兒童讓救火車回家，結束這個遊戲主題之後，兒童的心情感受可能是什麼。

序號	心理師的口語內容	技巧	說明
4-2-1	CL：（語調急促）著火了！喔！著火了！		
4-2-2	CO：（模仿兒童語調）呀，著火了，著火了！		
4-2-3	CL：EOEO（救火車聲音），救火車開來了，要準備救火了！		
4-2-4	CO：（模仿兒童語調）EO……救火車要來救火了！		
4-2-5	CL：（做出噴水的動作，並用模擬噴水聲音配合）噓噓（噴水聲）		
4-2-6	CO：（模仿兒童）噓噓……你開始用水救火了！		
4-2-7	CL：（噓了一段時間）啊，終於救完了。		
4-2-8	CO：（聲音略高，高興）哇，你把撲滅了，可以回家了！		
4-2-9	CL：沒有沒有！沒有回家，還要去救火！		
4-2-10	CO：喔！你不要回家，還想要去救火！		
4-2-11	CL：上來上來，再去救火，再去別的地方救火了！		
4-2-12	CO：你決定要去找其他地方救火！		

序號	心理師的口語內容	技巧	說明
4-2-13	CL：（大聲喊叫）找到了！		
4-2-14	CO：（模仿兒童語調，略激動）找到了，找到了！		
4-2-15	CL：EOEO（救火車聲音）救火！噓噓（噴水聲）！救完了！		
4-2-16	CO：（語調略高）哇，現在你把火撲滅了！		
4-2-17	CL：現在要go home了。		

整體感受

4-2「提升自尊」模擬情境演練

扮演重點提示

1. 扮演兒童玩出一種展現能力的過程，如能夠將疊疊樂往上疊、告訴治療師一些他知道的知識、事情，或告訴治療師他會做什麼。
2. 扮演兒童的可以一邊玩，一邊表現或說出很滿意、很得意的狀態，如「我成功了」、「我做到了」、「我知道」。讓治療師可以練習做此技巧反應。

目標

1. 就是能很流暢且投入的反映出孩子的能力或美好特質。
2. 搭配追蹤描述行為，感受到隨時隨地都可以運用到此技巧。

模擬情境

4-1. 兒童很專心的將疊疊樂積木排得很高，很興奮的說「成功！」。

4-2. 老師我告訴你，恐龍出現在地球是二億四千萬年前的「三疊紀」。

4-3. 兒童一邊畫圖，一邊說我要畫……，然後還會拿給治療師看。

4-4. 兒童正在寫功課，你過去看他的作業，總共有十行，其中寫了六行。

4-5. 兒童幫忙將碗洗好，跑到你身旁，撒嬌地說「媽媽，我很乖對不對？」

5-1「情感反映基本技巧」實例情境練習與討論

實例情境5-1

兒童玩遊戲過程，有時候遇到一些不是很能如自己期待的過程（如放不進去、裝不進去、打不開）而有一些情緒的反應，治療師給予反映的過程。

目標

1. 請指出治療師的哪些口語反應有做到情感反映技巧？
2. 請指出除了口語的情感反映技巧之外，治療師的哪些反應也有做到情感反映的內涵，甚至是更具效果？
3. 說說你覺得治療師這樣的反應過程，當下兒童的感受是什麼？
4. 若要修正情反應的技巧，你會做怎樣的修正呢？

	心理師的口語內容	技巧	說明
5-1-1	CL：（有些生氣的說）哎呦！		
5-1-2	CL：放這個，要放這邊。		
5-1-3	CO：一直都沒有放進去，你真的有些生氣了，但你還在努力的嘗試。		
5-1-4	CL：（看上去更加生氣的說）哎呀！這個還是不行！		
5-1-5	CO：哼！真討厭，還是不行！		
5-1-6	CL：（換了一個又試，很大力的去按）啊呀！啊呀！又是不行。		
5-1-7	CO：你很用力的去按，可還是不行。		
5-1-8	CO：你很生氣，似乎還有些著急了，但你沒有放棄還在繼續嘗試。		
5-1-9	CL：哼！要怎麼樣呢！（認真琢磨的樣子）		
5-1-10	CO：哼哼，雖然你現在還不知道該怎麼弄，但你還在認真的琢磨。		
5-1-11	CL：把魚直接放進去好了！ 嗯，要蓋起來。（動作慢慢的）		

	心理師的口語內容	技巧	說明
5-1-12	CL：（換個方式蓋起來）		
5-1-13	CO：嗯！你想到了另外一種方法，慢慢地蓋起來，似乎放進去了。		
5-1-14	CL：哼，還是放不進！（手插在腰間，噘起嘴巴）		
5-1-15	CO：嗯，放不進去，太氣人了！（模仿兒童的動作噘起嘴，手又腰）		
5-1-16	CL：（拿了另外一個盒子想要打開）嗯……這個要怎麼樣？（搬了搬上面的蓋子）打不開！啊呀！		
5-1-17	CO：啊呀！真的是太讓人生氣喔！		
5-1-18	CO：今天這些東西都好像很不合作。		
5-1-19	CL：（用力的開）好痛喔！		
5-1-20	CL：要打一打它，要打一打它，氣死人了！		
5-1-21	CO：氣死人了！（做出與兒童一樣「打」的動作）		
5-1-22	CL：氣死人了！		
5-1-23	CO：哼哼，一直都打不開，你好像又生氣又憤怒，簡直要被氣死了！		

整體感受

實例情境5-2

　　兒童玩沙的過程，顯得很開心，然後又跑進帳篷裡。短短一個過程治療師很能抓住兒童當下的心情。

目標

1. 請指出治療師的哪些口語反應有做到情感反映技巧？
2. 請指出除了口語的情感反映技巧之外，治療師的哪些語助詞反應也有做到情感反映的內涵，甚至是更具效果？
3. 說說你覺得治療師這樣的反應過程，當下兒童的感受是什麼？

	心理師的口語內容	技巧	說明
5-2-1	CL：我好喜歡玩沙喔！（臉上洋溢著笑容）		
5-2-2	CO：嗯，可以玩沙子了，你非常的開心喔！		
5-2-3	CL：（拍拍手上的沙，好奇的看向遊戲室的玩具架）		
5-2-4	CO：嗯！拍拍手上的沙，想去看看別的玩具。		
5-2-5	CL：（注意到帳篷，開心鑽了進去）		
5-2-6	CO：嗯！耶！你高興的鑽了進去！		
5-2-7	CL：嘿嘿嘿嘿！（在帳篷裡面發出笑的聲音）		
5-2-8	CO：哈哈，我聽到了你開心的笑聲。		
5-2-9	CL：（面帶笑容地又鑽了出來）		
5-2-10	CO：哇！你笑著出來了！		
5-2-11	CL：（看向玩具架上的一個玩具）		
5-2-12	CO：喔！哇！你發現了那個喔！		
5-2-13	CL：那是什麼？		
5-2-14	CO：你覺得它是什麼就是什麼。		
5-2-15	CL：不知道呢……（似乎還在琢磨）		
5-2-16	CO：哦！你很好奇的在想它是什麼呢！在這裡你認為它是什麼都可以！		

整體感受

5-2「情感反映基本技巧」模擬情境演練

扮演重點提示

1. 扮演兒童者要從表情、動作或口語，呈現一些明顯的情緒反應，以利治療師來做反應。
2. 扮演兒童者也可以呈現對玩具、布偶……甚至是對治療師等的情緒反應。

目標

1. 就是能很流暢且音調語調符合兒童當下的情緒。
2. 感受一下自己在做情感反映當下，自己的心情還是平靜的。
3. 可以適切地搭配其他技巧做反應，使得情感反應技巧更豐富與多元。

模擬情境

5-1　你可以說：「小明，這是我們的遊戲室。在遊戲室裡，你可以做許多你想要做的事。」兒童笑著，跳上跳下，說：「真的嗎？」

5-2　小孩在玩娃娃家族，一個玩偶娃娃對另一個大聲吼叫「你走開！你走開！討厭你啦！」

5-3　小孩將水灑在地上，水濺的地上到處都是，瞪大著眼睛看著你，但
　　　發現你眼光看著他時，立即的躲開你的眼神。

5-4　小明長久以來一直被同學笑很胖，今天早上阿雄又笑他胖，小明忍
　　　無可忍的揮拳打了阿雄。現在（下午）小明在遊戲室門口躓步，好
　　　像不想進遊戲室。

5-5　兒童用軟式子彈玩具槍對準天花板的燈，你設限了，兒童把槍丟在
　　　地方開始跺腳。

6-1「情感反映進階技巧」實例情境練習與討論

實例情境6-1

　　兒童在進遊戲室之前，發生了一件不愉快的事情，兒童就是想找媽媽，想著要離開遊戲室，但治療師限制不可以離開，兒童心中有著生氣、難過等情緒。

目標

1. 請指出治療師的哪些部分有做到情感反映技巧？
2. 請分享除了口語的情感反映技巧之外，治療師還試圖應用什麼樣的方法跟孩子連結、情感反映？
3. 請你體會當下兒童除了有生氣的情緒之外，你還感受到孩子有哪些情緒？你會怎樣反應呢？
4. 情感反映是重要的，尤其孩子當下有情緒時，治療師一定要有所反應，但也不需要一直做情感反映，你覺得治療師在做情感反映過程中，還做了些什麼？而這些介入也是很重要的。

	心理師的口語內容	技巧	說明
6-1-1	CL：（兒童噘著嘴走向遊戲室的門，然後停了下來，看上去情緒有些低落）		
6-1-2	CO：你今天好像很不開心呢！噘著小嘴走到遊戲室的門口，好像很想離開。（溫和的眼神關注兒童）		
6-1-3	CL（兒童雙手不停地捲著衣角，皺著眉頭）		
6-1-4	CO：似乎你很生氣，也很緊張和焦慮！		
6-1-5	CL：（不再捲衣角，往門口又走了幾步）		
6-1-6	CO：哇！一小步一小步就走到那個門那邊喔！		
6-1-7	CO：嗯！（目光注視著兒童）		
6-1-8	CL：（兒童就停在門邊）		

	心理師的口語內容	技巧	說明
6-1-9	CO：你很想離開遊戲室去找媽媽，但現在是你的遊戲時間，媽咪就在外面等你，待會一結束，就可以去找媽咪了。		
6-1-10	CO：哇！貝貝來了！（心理師拿起布偶客體跟兒童打招呼，並關注的看著兒童）		
6-1-11	CL：（兒童轉向心理師、貝貝）		

整體感受

實例情境6-2

　　媽媽陪著孩子進行遊戲時光，媽媽設定明確界線，一開始孩子也很投入很開心的玩。但玩到兒童試圖要將物件放入同形狀的盒子時，一開始沒能正確放進去，孩子竟然就嚎啕大哭起來。

目標

1. 請指出治療師（媽媽）的哪些部分有做到情感反映技巧？
2. 請討論治療師（媽媽）面對孩子強烈的情緒，也做了情感反映之後，若孩子情緒沒有緩解，你可以做些什麼？
3. 你覺得這位治療師（媽媽）做得令你欣賞的地方在哪裡？
4. 情感反映是重要的，尤其孩子當下有情緒時，治療師（媽媽）一定要有所反應，但也不需要一直做情感反映，你覺得治療師（媽媽）在做情感反映過程中，還做了些什麼？而這些介入也是很重要的。

	心理師的口語內容	技巧	說明
6-2-1	兒童：（拿了半個梨放在灶臺上）		
6-2-2	媽媽：把梨放在灶臺上煮一煮		
6-2-3	兒童：開火。		
6-2-4	媽媽：開火喔！		
6-2-5	兒童：（做著一系列煮飯的動作，然後好像很燙的樣子，用嘴吹一吹）		
6-2-6	媽媽：和一和，攪一攪，煮熟了，好像很燙呢，吹一吹。		
6-2-7	兒童：呼呼。（用嘴貼著鍋邊做著吹的動作）		
6-2-8	媽媽：呼呼。（媽媽也學著兒童吹的樣子）		
6-2-9	兒童：晃一晃，吹一吹。（眼睛眯著，臉上露出開心的笑容）		
6-2-10	媽媽：還是有點燙，再吹吹。		
6-2-11	媽媽：吹的好開心啊！		

	心理師的口語內容	技巧	說明
6-2-12	兒童：（拿起一個積木想要放在一個有格子的盒子裡）		
6-2-13	媽媽：你很用力的往裡推，想把積木放進盒子裡。		
6-2-14	兒童：（繼續做著推的動作，但始終放不進去，竟然開始哭起來）		
6-2-15	媽媽：老是放不進去，你很難過，也有點著急了。		
6-2-16	兒童：（繼續用力推，但推不進去，發出有情緒的聲音）		
6-2-17	媽媽：唉呀！使勁也放不進去，好著急，好生氣！		
6-2-18	兒童：（站起來走向媽媽）媽媽幫忙。		
6-2-19	媽媽：○○想讓媽媽幫你。		
6-2-20	媽媽：要怎麼幫你呢？		
6-2-21	兒童：媽媽幫！（大哭起來）		
6-2-22	媽媽：媽媽看到○○好生氣，怎麼都放不進去。（兒童嚎啕大哭起來）		
6-2-23	兒童：媽媽幫我		
6-2-24	媽媽：喔喔！○○想讓媽媽幫你。（兒童繼續嚎啕大哭）		
6-2-25	媽媽：喔！○○拿起了一個積木。（兒童拿起一個積木）		
6-2-26	媽媽：○○想把積木放到裡邊去。		
6-2-27	兒童：（兒童邊哭，還繼續拿起另一個積木）		
6-2-28	媽媽：那我們○○想媽媽怎麼幫你呢？（看向兒童）		
6-2-29	兒童：（兒童嘗試將積木放進形狀一樣格子，但還是沒能將積木放進去，整個人趴在地板大哭）		
6-2-30	媽媽：嗯！○○好生氣！		

	心理師的口語內容	技巧	說明
6-2-31	兒童：（整個仍然人趴在地板大哭）		
6-2-32	媽媽：（空白一段時間，專注地看著兒童。拍著兒童的背）		
6-2-33	兒童：（兒童繼續哭，哭聲變小，人也坐了起來）		
6-2-34	兒童：（兒童將積木拿過去，再嘗試從另外一個格子把積木放進盒子）		
6-2-35	媽媽：你都知道去試試另一面格子。		
6-2-36	媽媽：換一塊積木試試看。（兒童又拿起另一塊積木，繼續嘗試）		
6-2-37	媽媽：唉呀！使勁！嗯！（兒童沒能放對）		
6-2-38	兒童：（觀察並繼續嘗試）		
6-2-39	媽媽：媽媽注意到這次你有認真觀察，並繼續嘗試。		
6-2-40	兒童：（塞進去了，臉上露出開心的笑容）		
6-2-41	媽媽：哇！塞進去了，你做到了！耶，好開心（興奮，語調升高）		

整體感受

6-2「情感反映進階技巧」模擬情境演練

扮演重點提示

1. 扮演兒童者假想自己是一個治療師做了情感反應之後，仍然會還有情緒的兒童。在治療師第二次情感反應及留白、連結反應時，自發地去感受自己的情緒，後自發地表露。
2. 扮演兒童者就是焦點在自己聆聽治療師反應後的情緒。
3. 此時的兒童並沒有要挑戰治療師，也不要出現不當的行為。（因為出現不當行為的狀況，會在設限那個章節來練習。）

目標

1. 能很流暢且音調語調符合兒童當下的情緒。
2. 感受一下自己在做情感反映當下，自己的心情還是平靜的。
3. 可以適切地搭配其他技巧做反應，使得情感反應技巧更豐富與多元。

模擬情境6-1

　　孩子情緒總會突然爆發，比如：說講故事，說好了講一個，然後又不斷要求講很多個，有時候媽媽或者爸爸只是表示建議一下太多了，她就會立刻爆發、大哭、變臉。

6-3「情感反映進階技巧之情緒臉譜」模擬情境演練

扮演重點提示

1. 扮演兒童者就是由治療師引導，讓後就自發地選情緒臉譜及分享內在情緒、感受、想法等等。
2. 扮演治療師者就是運用情緒臉譜圖卡來練習引導，過程中提醒自己要跟隨及專注在兒童並反映兒童的狀態。

目標

1. 能很流暢地運用情緒臉譜來架構整個引導的過程。
2. 在引導的過程也可以自然流暢地、適切地搭配其他技巧做反應，不是問情緒，而是引導兒童接觸與體驗內在深層情緒。

模擬情境6-2

　　8歲半女生，從小就不喜歡哭。現在，在學校裡面遇到事情的時候，比如考試沒有考好、被老師罵了、受同學欺負了，她都不會用哭來表達，只是會從她的眼神中看到恐懼、委屈。還有一點，她總是用若無其事來掩飾自己的恐懼或緊張。

模擬情境6-3

　　小美是一個14歲的小女生，已經將近有一年的時間，每天只要到6點鐘的時候她就會出現頭痛、肚子痛的反應，然後勉強上學。媽媽帶去看醫生也沒有特別明顯改善，但這種像只出現在上課期間，寒暑假就不會有這種現象出現。

　　小美也都一直很聽媽媽的話，很認真讀書成績也很好。但這一年來，孩子常常出現上述的狀況之外，考試前或要寫很多功課的時候都會有頭痛、拉肚子，甚至也曾經說壓力很大的反應。但只要媽媽要她忍耐及面對這些壓力的時候，她就乖乖地聽媽媽的話。

7-1「反應意義」實例情境練習與討論

實例情境7-1

　　兒童第一次到遊戲室，非常的抗拒，就坐在地上，不去碰觸任何玩具。諮商師就是試圖反映兒童內在的想法、感受……。

目標

1. 請指出諮商師的哪些反應，就是在做反應意義技巧？
2. 請你感受一下當下諮商師做反應時的可能心情，及呈現出來給人感受到的態度是怎樣的？
3. 你覺得諮商師的反映意義技巧的口語內容，都正確反映出兒童內在的動機、意圖、渴望嗎？
4. 你覺得整個過程的轉捩點在哪裡？
5. 你覺得諮商師除了做反應意義的技巧之外，還做了哪些的技巧？

	心理師的口語內容	技巧	說明
7-1-1	CO：我看見你第一次來，好像很不習慣。		
7-1-2	CL：（低頭看地板）		
7-1-3	CO：不曉得要做什麼？		
7-1-4	CL：（不說話，繼續看著地板）		
7-1-5	CO：你就選擇坐在地上。		
7-1-6	CL：（抬頭看了一眼心理師，又四周張望）		
7-1-7	CO：覺得有點不知所措，好像被罰的感覺。		
7-1-8	CL：（不說話，晃動著身體，看著地板）		
7-1-9	CO：不知道媽咪帶我來這邊做什麼？		
7-1-10	CL：（看下心理師，開始玩弄自己的手指）		
7-1-11	CO：是不是要教訓我？罵我？還是什麼？		
7-1-12	CL：（準備站起來，看了心理師一眼，又馬上坐下）		
7-1-13	CO：心裡面有一點緊張。		
7-1-14	CO：選擇坐下。		
7-1-15	CL：（看向心理師，托著下巴，不說話）		

	心理師的口語內容	技巧	說明
7-1-16	CO：在想著自己的功課嗎？		
7-1-17	CL：不是。（兒童將腳伸直，並用手在地上比劃，好像在寫東西）		
7-1-18	CO：還在想著自己的事情。		
7-1-19	CL：不是。（兒童開始站了起來）		
7-1-20	CO：開始要站起來了。		
7-1-21	CL：我在安排等下5點50回到家要踏腳車		
7-1-22	CO：喔！正在算著5點40要回家踏腳車。		
7-1-23	CL：5點50！		
7-1-24	CO：5點50，喔！你正在算著回家的路上，要用多少時間才能回到家。		
7-1-25	CO：然後幾點可以踏腳車。		
7-1-26	CO：嗯！你很想要走喔！		
7-1-27	CL：是啊！我要走。（兒童笑著回應）		
7-1-28	CO：你想要走喔！你覺得很無聊喔！（心理師輕鬆地回應）		

整體感受

實例情境7-2

　　兒童用積木在地面上排列形狀，過程中，諮商師無法確定兒童排的形狀爲何？但關注在兒童的排列，並試圖想知道兒童想要排列的形狀。

目標

1. 請指出諮商師的哪些反應，就是在做反應意義技巧？
2. 過程中，諮商師做了很多反應，但兒童都搖頭表示「不對」，你覺得對治療關係或遊戲治療的進展有影響嗎？如果沒有影響，那又是什麼因素使得諮商師的反應即使不對，也不會有負面影響？
3. 請你感受一下當下諮商師做反應時的可能心情，及呈現出來給人感受到的態度是怎樣的？
4. 你覺得諮商師的反映意義技巧的口語內容，都正確反映出兒童內在的動機、意圖、渴望嗎？
5. 你覺得整個過程的轉捩點在哪裡？
6. 你覺得諮商師除了做反應意義的技巧之外，還做了哪些的技巧？

	心理師的口語內容	技巧	說明
7-2-1	CO：哇！排列的好整齊哦！嗯，還要拿更多積木。 拿拿拿、排排排。		
7-2-2	CO：看到輪廓了，是一個火箭嗎？		
7-2-3	CL：（搖頭）		
7-2-4	CO：還是一個箭頭？		
7-2-5	CL：（搖頭）		
7-2-6	CO：不是，嗯（拖長音調）是什麼呢？額，還有一條線，還排成這樣。是一個人？		
7-2-7	CL：（搖頭）		
7-2-8	CO：不是呀！嗯（拖長音調）哪是什麼呢？看一看，好期待喔！到底排成什麼呢？		
7-2-9	CL：（不說話，繼續排）		
7-2-10	CO：嗯，是什麼呢？猜猜看。		

		心理師的口語內容	技巧	說明
7-2-11	CO：排成一排，它有手！是跳的東西嗎？這是什麼呢？			
7-2-12	CO：哇！很美耶！額，這是什麼？你要告訴我嗎？			
7-2-13	CL：（搖頭）			
7-2-14	CO：嗯，不要告訴我。			
7-2-15	ＣＯ：好像還少了一些東西，需要……嗯！……沒有積木了喔……（拖長音調）			
7-2-16	CO：你需要更多的積木。那邊還有，那邊還有，那邊裡面還有木的……裡面那個盒子還有，那個搖籃裡面那邊，看到了？			
7-2-17	CL：（看到了，開始翻找積木）			
7-2-18	CO：嗯，看看有什麼合適的。			
7-2-19	CL：（把合適的積木拿出來）			
7-2-20	CO：嗯！要把積木拿出來，啊倒出來了！特別期待妳到底要做什麼。			
7-2-21	CO：看看有什麼適合的……是不是飛機？飛起來嗎？			
7-2-22	CL：哦！看一看，看一看，嗯，再想一想！好我開始「逗」。			
7-2-23	CO：再次背對阿姨，阿姨看不太到，可是很期待你「逗」什麼東西出來。			
7-2-24	CL：走開走開……我想一想哈！再放一個上去，不適合我再「逗」過。			

整體感受

7-2「反應意義」模擬情境演練

扮演重點提示

1. 扮演兒童者可以先在心裡想好心中的一個渴望、期待等，但又不好意思說出來，於是用各種間接的方式來表達，期待能被了解或同意。
2. 若是根據下述的情境例子演練時，請先把體會到例子中內心的渴望、期待……，然後就開始自發的扮演。

目標

1. 透過練習能體會到「反映意義」的內涵，反應出兒童內在的動機、期待、渴望……。
2. 運用「反映意義」技巧時，也能適當地搭配其他技巧，使得整個反應過程更為多元及自在。

模擬情境

7-1. 兒童在黑板上寫「2 + 5 = 7」。

7-2. 「我下次再來，是不是還是你跟我玩？」

7-3. 兒童一直在黑板上寫著英文字母。你都做了提升自尊及追蹤描述行為，但孩子還是一直寫。

7-4. 「我也要像妹妹這樣用奶瓶，我不要用筷子了！」

7-5. 兒童一邊專注地看著積木的示意圖，一邊選出一些積木。

7-6. 兒童連續幾個遊戲時間一開始就先將門鎖起來，才開始玩。

7-7. 兒童抗拒地坐在地板上，就是不去玩玩具。

8-1「促進做決定及給責任技巧」實例情境練習與討論

實例情境8-1

兒童進到遊戲室，內心很想玩這些玩具，自己口頭上也不斷表達「我要玩」、「我可以玩」。治療師也再三給孩子確定「是的！這邊的玩具，你都可以玩」，但兒童還是一直處在很掙扎，想玩卻又不敢玩的過程。

目標

1. 治療師做了哪些「做決定及給責任」的技巧。
2. 感受一下一個孩子想玩卻又不敢玩的內在狀態。據此，你還可以做怎樣的反應。
3. 你欣賞這位治療師哪些點的反應？（不限「做決定及給責任」的技巧）

編號	心理師的口語內容	技巧	說明
8-1-1	CL：我要玩！！！		
8-1-2	CO：我要玩！很想玩！ ○○真的很想玩哦！！		
8-1-3	CL：（看著玩具）想玩，想玩，想玩。		
8-1-4	CO：想玩，想玩，想玩，○○真的很想玩哦……可是又不敢去拿來玩。		
8-1-5	CL：拿啊？我要拿。（手伸向玩具，卻不敢拿）		
8-1-6	CO：在這裡，○○可以自己決定要不要拿。		
8-1-7	CL：（想拿又縮回了手）我要拿。		
8-1-8	CO：喔！○○想要拿了，手碰一下，又不好意思了。		
8-1-9	CL：可以！！		
8-1-10	CO：可以！在這裡，○○可以自己決定。		
8-1-11	CL：剛才老師講，講全部可以玩，玩。		

編號	心理師的口語內容	技巧	說明
8-1-12	CO：喔！○○還記得老師講的哦，在這裡，你可以自己決定。		
8-1-13	CL：我不懂媽咪要玩，還是不要玩咧。		
8-1-14	CO：哦，不知道媽咪到底讓不讓玩，很難做決定哦。		
8-1-15	CL：可以！可以！可以！可以！可以！可以！		
8-1-16	CO：可以！可以！○○講可以玩，可以玩，可以玩！		
8-1-17	CL：我要拿，拿拿拿拿拿。（兒童最後拿起了玩具）		
8-1-18	CO：啊，○○決定要玩了，○○把它拿出來了。		

整體感受

實例情境8-2

　　兒童剛剛來到遊戲室，對環境還不太熟悉，有些拘謹，治療師一再為兒童提供自由，鼓勵兒童自己決定「想怎麼玩，就怎麼玩」，在兒童不敢玩，向治療師求助時，治療師沒有著急去幫忙，而是鼓勵兒童自己去承擔，最終，兒童自己做到了。

目標

1. 感受治療師是如何鼓勵猶豫、不敢玩的兒童做決定的。
2. 體會一下，在兒童說「不會玩」，向治療師求助時，怎麼反應可以讓孩子自己承擔責任。
3. 思考「促進做決定及給責任技巧」是如何對兒童產生治療效果的？

編號	心理師的口語內容	技巧	說明
8-2-1	CL：（坐在遊戲室中間，不說話，四處看周圍的玩具）		
8-2-2	CO：到處看一看，不知道要玩什麼。		
8-2-3	CL：（站起來走到玩具架旁，拿起娃娃看了一眼，又放下）		
8-2-4	CO：拿起來看一看，嗯，不想玩。		
8-2-5	CL：（又拿起一把槍，摸了摸，扔下）		
8-2-6	CO：摸一摸，嗯，還是不選它。		
8-2-7	CL：（走馬觀花地順著玩具架邊看邊走）		
8-2-8	CO：還不知道要選哪個好，在這裡，你可以自己決定玩什麼哦。		
8-2-9	CL：（站定，看著手槍玩具，有些猶豫）		
8-2-10	CO：○○有點想要玩這個。		
8-2-11	CL：（拿起玩具槍看了看）這個是什麼？		
8-2-12	CO：在這裡，你說它是什麼，它就是什麼。		
8-2-13	CL：（轉頭看心理師）我不會玩……這個，這個怎麼弄？		
8-2-14	CO：嗯，你可以用你喜歡的方式來玩，怎麼玩都可以。		

編號	心理師的口語內容	技巧	說明
8-2-15	CL：（認真研究玩具槍，嘗試把子彈塞進去）我想把這個裝上。		
8-2-16	CO：嗯，你決定把這個裝上，很認真地在研究哦！		
8-2-17	CL：（很開心地）裝進去了！		
8-2-18	CO：（很興奮地）哇，你自己把它裝進去了，你做到了！		

整體感受

8-2「促進做決定及給責任技巧」模擬情境演練

扮演重點提示

1. 扮演兒童者可以扮演一種需要治療師說明的兒童。可以扮演是一種真誠需要幫助的，也可以扮演一個類似被驕寵過度的孩子。但請在音調語調及口氣上有明顯分別。
2. 扮演兒童者在某些情境，可以扮演內心很渴望很想玩，但卻又不敢擅自去玩的過程。
3. 扮演治療師者可以根據兒童的態度及需求，可以鼓勵其做決定，並配合兒童同時讓兒童負到責任，也可以拒絕兒童的要求，因其有能力做到。

目標

1. 能流暢自在地做出「促進做決定及給責任技巧」。
2. 能有效區分配合兒童，或拒絕兒童要求，但卻都能達到促進兒童做決定及負責任的內涵。

模擬情境

8-1. 兒童拿著顏料罐，想打開卻打不開。「我不會開，幫我打開。」

8-2. 兒童說：「我要畫圖，老師你幫我拿。」

8-3. 兒童想喝飲料，坐在沙發上看著電視，「媽媽幫我拿一瓶冰箱的飲料。」

8-4. 兒童進到遊戲室，卻一直站著不動，都不敢去拿玩具玩。

8-5. 孩子選玩具，可是不曉得該選哪一個。

9-1「設限」實例情境練習與討論

實例情境9-1

　　兒童在牆壁上畫畫，諮商師告知界線，但兒童執意要畫在牆壁上，治療師於是進行設限。

目標

1. 請指出諮商師的哪些反應，就是在做設限技巧？
2. 請你感受一下當下諮商師做設限時的可能心情，及呈現出來給人感受到的態度是怎樣的？
3. 你覺得整個過程的轉捩點在哪裡？
4. 你覺得諮商師除了做設限的技巧之外，還做了哪些的技巧？

	心理師的口語內容	技巧	說明
9-1-1	CL：（在牆壁上畫畫）		
9-1-2	CO：我看見你開始畫畫，但牆壁不是用來畫畫的哦。		
9-1-3	CL：（繼續在牆壁上畫畫）		
9-1-4	CO：我知道你很想畫畫……		
9-1-5	CL：（繼續在牆壁上畫畫）		
9-1-6	CO：但是，牆壁不是用來畫畫的。		
9-1-7	CL：（繼續在牆壁上畫畫）		
9-1-8	CO：你可以選擇畫在這些白色的紙上，也可以選擇畫在彩色的紙上。（拿起紙給兒童看）		
9-1-9	CL：（繼續在牆壁上畫畫）		
9-1-10	CO：你如果選擇不在紙上畫畫，那就要結束畫畫這個遊戲。		
9-1-11	CO：是選擇在紙上畫畫，還是選擇結束畫畫，這個由你來決定。		
9-1-12	CL：（轉頭看紙）		

	心理師的口語內容	技巧	說明
9-1-13	CO：嗯！用白色的或彩色的紙，這個由你來決定。		
9-1-14	CL：（拿了白色紙）		
9-1-15	CO：你選擇了用白色的紙畫畫喲，謝謝你的配合。		

整體感受

實例情境9-2

諮商師沒有答應兒童要一個玩具回家。兒童就拿一把玩具刀做出要打諮商師的動作。

目標

1. 請指出諮商師的哪些反應，就是在做設限技巧？
2. 請你感受一下當下諮商師做設限時的可能心情，及呈現出來給人感受到的態度是怎樣的？
3. 你覺得整個過程的轉捩點在哪裡？
4. 你覺得諮商師除了做設限的技巧之外，還做了哪些的技巧？

	心理師的口語內容	技巧	說明
9-2-1	CL：（拿一把玩具刀做出要打心理師的樣子）		
9-2-2	CO：我知道你現在很生氣，因為我沒有答應你帶這個玩具回家。		
9-2-3	CL：（看著心理師，拿玩具刀的手還舉著，但停下了動作）		
9-2-4	CO：不可以打人。		
9-2-5	CL：（手放下）		
9-2-6	CO：你可以打沙袋或那些絨毛玩偶。		
9-2-7	CL：（開始用刀打玩具）		

整體感受

實例情境9-3

　　遊戲時間已經結束，兒童還想繼續玩，不要離開。而諮商師已執行過三步驟的設限，但是兒童依然故我，坐在地板上不願離開遊戲室。

目標

1. 請指出諮商師的哪些反應，就是在做設限技巧？
2. 請你感受一下當下諮商師做設限時的可能心情，及呈現出來給人感受到的態度是怎樣的？
3. 你覺得整個過程的轉捩點在哪裡？
4. 你覺得諮商師除了做設限的技巧之外，還做了哪些的技巧？

	心理師的口語內容	技巧	說明
9-3-1	CL：（坐在地板上不動）		
9-3-2	CO：我知道你很喜歡在這裡玩。		
9-3-3	CO：但今天你的遊戲時間到了，我們要出去了。		
9-3-4	CL：（依然不動）		
9-3-5	CO：你可以選擇自己站起來走出去，也可以選擇由我把你抱出去。		
9-3-6	CL：（看著心理師，不動）		
9-3-7	CO：如果你選擇不自己走出去，就是選擇了由我抱你出去。（心理師起身走向兒童）		
9-3-8	CL：（想了一下，站了起來）		
9-3-9	CO：你站起來了！就是選擇了你要自己走出去啦！謝謝你的配合，我們一起出去吧。		
9-3-10	CL：（跟心理師一起走出遊戲室）		

整體感受

9-2「設限」模擬情境演練

扮演重點提示

1. 扮演兒童者先堅持自己想做的事情，被設限時的感受情緒可以自發地表達，但聽著治療師回應的同時，也覺察當下的感覺而根據這新的感覺自發地演下去。
2. 設限是兒童逾越了界線，治療師要兒童回歸到界線之內的過程，通常會觸動到兒童情緒及其需求沒有被滿足，所以，有時需要一些時間讓兒童緩解其情緒。因此，扮演過程不需要太急太快，可以有短暫時間空白，但治療師態度然是專注陪伴及接納兒童的。

目標

1. 能流暢地做出設限三步驟。且整個過程是維持在一個情緒平穩的狀態。
2. 能夠明確且有效地以行動來貫徹設限的要求。

模擬情境

9-1. 兒童在遊戲室十分鐘後，說要離開到外面去看媽媽。

9-2. 兒童玩醫生和病人的遊戲，要求你當病人。兒童要求你撩起胸前的衣服，這樣他才可以用聽診器玩具聽你的心跳。

9-3. 兒童用很大的力氣把塑膠球往燈上扔。

9-4. 兒童拿著裝滿水的桶子，就要將其倒入乾沙箱裡了。

9-5. 孩子吵著要吃霜淇淋，但已經要吃晚餐了，孩子不聽賴在家裡客廳地上哭著要吃霜淇淋。你向老公示意，「你來處理請他不要插手」。接下來進行設限。

10-1「語助詞技巧」實例情境練習與討論

實例情境10-1

　　兒童拿起玩具奧特曼兄弟跟怪獸打鬥的過程，諮商師應用語助詞跟隨及做反應的過程。

目標

1. 指出諮商師在哪些地方，應用了語助詞的反應技巧。
2. 諮商師在不同的時間點所做的語助詞反應，討論一下具有哪些不同的內涵或或效果。

編號	心理師的口語內容	技巧	說明
10-1-1	CL：（從玩具架上起兩個奧特曼）這是奧特曼兄弟。		
10-1-2	CO：啊……這是奧特曼兄弟。		
10-1-3	CL：（又從玩具架上拿起一個玩偶，再拿一個）		
10-1-4	CO：這個要哈，再拿一個……		
10-1-5	CL：（放下剛剛最後拿的那個玩偶）這個不要，怪獸不要那麼多。		
10-1-6	CO：哦……怪獸不要那麼多……		
10-1-7	CL：（指著沙盤中的另一隻怪獸）這裡還有一個，一隻怪獸就夠了。		
10-1-8	CO：哦……這還有一個，一隻怪獸就夠了。		
10-1-9	CL：對啊，這裡有兩隻怪獸吶。		
10-1-10	CL：（拿起一個像飛鏢的玩偶）這個是他的飛鏢。		
10-1-11	CO：哦（拖長音又好奇）……這個是他的飛鏢……我都不知道呢。		
10-1-12	CL：（拿起兩個奧特曼兄弟，開始打怪獸）		

編號	心理師的口語內容	技巧	說明
10-1-13	CO：（同步反應）哈！哈！哈！哈！……哈！……哈！嗯……看我的奧特曼兄弟，加油，鐺！……鐺！……鐺！……鐺！……哈哈，把你打到地上去了。		
10-1-14	CL：（從玩具架上拿起一個玩偶）這是黃顏老婆。		
10-1-15	CO：啊……		
10-1-16	CL：（拿起奧特曼兄弟打黃顏老婆，奧特曼玩具胳膊打掉了，撿起斷掉的胳膊看）		
10-1-17	CO：哦……他們打得太激烈了。		
10-1-18	CL：（扔掉手裡的奧特曼胳膊，一腳把黃顏老婆踢飛）		
10-1-19	CO：哇！……把黃顏老婆踢飛了。		
10-1-20	CL：（從玩具架上拿了一個推土機玩偶）		
10-1-21	CO：嗯……一場大戰之後發現了一個推土機。		
10-1-22	CL：這不是推土機。		
10-1-23	CO：哦……不是推土機，他叫……		
10-1-24	CL：它叫……瘦腿……扁扁人。		
10-1-25	CO：哇哦！瘦腿扁扁人哎，好特別的名字哦。		

整體感受

實例情境10-2

　　兒童首次主動拿起畫筆作畫的過程，諮商師應用語助詞跟隨即做反應的過程。

目標

1. 指出諮商師在哪些地方，應用了語助詞的反應技巧。
2. 諮商師在不同的時間點所做的語助詞反應，討論一下具有哪些不同的內涵或效果。

編號	心理師的口語內容	技巧	說明
10-2-1	CL：（拿起綠色的彩筆，在紙上畫了幾根長長的分隔號條）		
10-2-2	CO：哇哦！你在畫……		
10-2-3	CL：（認真而自信地說）長長的雨下來了……		
10-2-4	CO：哦！長長的魚下來了，哇！		
10-2-5	CL：不是魚，是雨！是……嘩啦（手做出下雨狀）		
10-2-6	CO：哇！你用小手告訴我這是天上下的雨，嘩嘩嘩！（心理師加上肢體動作）		
10-2-7	CL：（繼續畫著長長的線條）		
10-2-8	CO：哇哦！長長的雨還在下哦！		
10-2-9	CO：唰！……唰！……哇哦！……		
10-2-10	CL：（開始用畫筆點一些點點）		
10-2-11	ＣＯ：欸？點！……點！……點！……點！……點！……點！……點！雨下小了，變成了點點，嗯……點！……嗯……點！		
10-2-12	CL：（用畫筆塗了一坨線條）		
10-2-13	CO：嗯……這次……你畫了一個……		
10-2-14	CL：（丟下綠色畫筆，去拿另一隻畫筆）		
10-2-15	CO：哦……你想換一個顏色！		
10-2-16	CL：（拿出一支黃色畫筆）		

編號	心理師的口語內容	技巧	說明
10-2-17	CO：哇！你又拿了一支不同顏色的畫筆哦。		

整體感受

10-2「語助詞技巧」模擬情境演練

扮演重點提示

1. 兒童扮演重複動作時，可以先醞釀出一些情緒、意圖或渴望，然後再開始扮演，並試著將其內在的情緒、意圖或渴望，表達在這些遊戲行為（動作）過程。
2. 扮演過程，兒童可以有自發地帶著內在情緒、意圖或渴望的口語或表情呈現。

目標

1. 能體會與助詞應用的內涵，並能在是當時機運用。
2. 體會到語助詞的運用和治療師的專注、放鬆與投入有密切關聯。進而能自然地在遊戲治療過程中做出語助詞技巧。

模擬情境

10-1. 兒童將扮家家酒玩具組的碗盤一個接一個地放回櫃子裡。

10-2. 兒童挑選了黑色的蠟筆，很用力地在圖畫紙上來回塗畫。

10-3. 兒童拿起了兩塊積木在空中交錯飛行。

10-4. 兒童想將玩具士兵都擺設在高牆上，一不小心卻掉落下來了。

10-5. 兒童用樂高積木建造完成了一艘戰艦。

10-6. 兒童在玩具櫃中，反覆斟酌地想要挑選出動物家族中媽媽的角色。

11-1「連結」實例情境練習與討論

實例情境11-1

兒童第一次到中心。心理師帶領個案進入遊戲室，但保持沉默，心理師嘗試邀請兒童為布偶客體命名，並引導兒童開展諮詢。

目標

1. 能夠更明白如何在第一次見面時，讓兒童選布偶客體及命名的基本過程及樣態。
2. 指出心理師在哪些地方，做了連結技巧，分別是屬於哪各項度的連結呢？
3. 體會到這樣的過程，是否又因心理師的連結反應，使得兒童與布偶客體間的連結更密切了？

	逐字稿內容	技巧	說明
11-1-1	CO：○○，今天除了老師，還會另外一個朋友和你一起玩。（拿出事先準備好的玩偶，停在兒童能看到的位置）		
11-1-2	CL：（看向玩偶）		
11-1-3	CO：現在他還沒有名字哎，你可以幫他取一個名字嗎？		
11-1-4	CL：好。（很低很低的聲音，然後沉默）		
11-1-5	CO：嗯，○○好像在想，要取一個什麼呢？		
11-1-6	CL：（繼續沉默）		
11-1-7	CO：（繼續蹲著看著，慢慢等著兒童，並輕聲地說出）嗯，還在想……		
11-1-8	CL：（嘴唇動了下，但是沒聲音）		
11-1-9	CO：嗯，好像○○已經想到了。		
11-1-10	CL：燈泡。		
11-1-11	CO：（以布偶客體的口吻）哇，我叫燈泡，我有名字了，謝謝○○。（將玩偶遞給兒童）		

	逐字稿內容	技巧	說明
11-1-12	CL：（接著玩偶，抱在懷裡，臉上出現一些笑容，看了看周圍）		
11-1-13	CO：老師可以牽著你的手嗎？（嘗試把手慢慢放在他的手的旁邊）		
11-1-14	CL：（沒有說話，對心理師的牽手邀請沒有反抗）		
11-1-15	CO：燈泡帶著○○去看看這裡的玩具吧！		
11-1-16	CL：（等了一會兒，看了下周圍，抱著燈泡走到旁邊的沙盤）		
11-1-17	CO：嗯，○○和燈泡來到了沙盤這裡。		

整體感受

實例情境11-2

　　心理師詢問自由遊戲時，小皮（布偶客體）要在哪邊？當兒童與心理師玩起對打的遊戲時，看到兒童刻意把小皮拿起來一起與心理師對打。

目標

1. 指出心理師在哪些地方，做了連結技巧，分別是屬於哪各項度的連結呢？
2. 文中心理師除了布偶客體之連結的技巧，還有哪些技巧的運用？
3. 分享整個過程中印象最深刻地方？並分享自己的感受。

	逐字稿內容	技巧	說明
11-2-1	CO：我們要開始玩兒咯！你自己可以決定小皮可以放在哪個地方？		
11-2-2	CL：（把布偶客體放在了旁邊的桌子上）		
11-2-3	CO：哦，小皮要放這邊看著我們。好，我們要開始玩了。（心理師和兒童拿了刀劍開始對打）		
11-2-4	CL：（拿著劍沖向心理師，躲開心理師的攻擊，和心理師面向而立）		
11-2-5	CO：你很靈活，很會躲開攻擊哦。		
11-2-6	CL：嘿！（拿起旁邊的小皮）		
11-2-7	CO：砰，小皮！你拿小皮出來了！（做往後退的姿勢）		
11-2-8	CL：哈哈。（抱著小皮，拿著劍走向心理師）		
11-2-9	CO：啊，小皮和你是夥伴（刀劍碰撞，互相打鬥），小皮和你一起攻擊我。		
11-2-10	CL：（抱著小皮，手拿劍，不斷向心理師揮舞）		
11-2-11	CO：哦啊，好像力氣變強，藉由小皮的幫忙。		
11-2-12	CL：（揮舞寶劍，不斷前進，和心理師打鬥）		

	逐字稿內容	技巧	說明
11-2-13	CO：嗚啊……小皮幫你攻擊。（心理師往後退）		
11-2-14	CL：哈！（用劍扎到心理師）		
11-2-15	CO：啊，啊，啊……我死去了。		
11-2-16	CL：（跑回原處，將小皮放下，拿上劍鞘，再次跑向心理師附近，放下劍鞘）		
11-2-17	CO：啊，你和小皮聯手，小皮幫你更有力量了。		
11-2-18	CL：（再次拿上小皮，親昵地抱在胸前，走向心理師）		
11-2-19	CO：哦，小皮好愛你哦。他和你是好夥伴。		
11-2-20	CL：（跳著跑開）把你放出咯！		
11-2-21	CO：我要出來咯。		
11-2-22	CL：哈哈（很激動，將刀扔給心理師，刀掉落地上，手裡一直抱著小皮）		
11-2-23	CO：我沒接到！謝謝你給我。		
11-2-24	CL：（再次拿起劍）		
11-2-25	CO：小皮和你一起戰鬥哦。他是你的戰鬥好夥伴哦。		

整體感受

實例情境11-3

兒童準備食物給布偶客體過程，兒童主動與布偶可體有親密正向的連結。

目標

1. 指出諮商師在哪些地方，應用了「布偶客體之情感連結」的反應技巧。
2. 討論諮商師運用「布偶客體之情感連結」技巧，對兒童遊戲產生了哪些效果？

編號	心理師的口語內容	技巧	說明
11-3-1	CL：（抱起布偶小佩攬入懷中）		
11-3-2	CO：（以布偶客體的口吻）哦，好開心哦，○○緊緊抱著我哎。		
11-3-3	CL：（舉起布偶親了一下心理師額頭）		
11-3-4	CO：小佩也親我哎！		
11-3-5	CO：當然啦，是○○讓我來親親你的哦！		
11-3-6	CL：（又舉起布偶親了一下心理師的臉頰）		
11-3-7	CO：嗯……嗯……哦！這次小佩親我的好久、好大力喲！看起來也很喜歡我。		
11-3-8	CL：（分配食物）這是我的，這是它的。		
11-3-9	CO：（手指著食物，以布偶的口吻）哇哦！○○給我好多美味的食物哦！謝謝你！謝謝你！好喜歡你啊○○！		
11-3-10	CL：（接著分配食物給布偶和自己）		
11-3-11	CO：嗯！……		
11-3-12	CL：這個給它（指著布偶），健康的。		
11-3-13	CO：（以布偶的口吻）哦（拖長音）……這個給我的哎……健康的，○○知道我剛生病了，所以很照顧我哦，最愛○○你了。		
11-3-14	CO：（遊戲時間結束，音樂響起）好，今天到這邊，我們要選糖果嘍。		

編號	心理師的口語內容	技巧	說明
11-3-15	CL：（起身蹦跳）耶！		
11-3-16	CL：（抱起布偶）小佩。（趁心理師拿束口袋時機，拿起美食餵給布偶吃）		

整體感受

11-2「連結」模擬情境練習

扮演重點提示

1. 扮演兒童先醞釀出一些情緒、意圖或渴望，然後再開始扮演，並試著將其內在的情緒、意圖或渴望，表達在這些遊戲行為（動作）過程。
2. 扮演過程，兒童可以有自發地帶著內在情緒、意圖或渴望的口語或表情呈現。
3. 當扮演諮商師的夥伴運用布偶客體進行連結技巧時，就順著聆聽諮商師反應後有的感受繼續扮演下去。

目標

1. 能體會連結技巧的內涵，並能在適當時機運用。
2. 能夠很自然地把布偶客體帶出來進行連結技巧。
3. 體會多了一種與布偶客體連結的感覺是什麼？有這樣的連結跟緊諮商師做情感反應技巧有無不同？值得大家討論與體會。

模擬情境

11-1 小明說遊戲室來了一個巫婆，對諮商師說，我們必須要馬上躲進帳篷裡才能不被巫婆找到。

11-2 上了一天課的小豆，放學後又寫了很多作業，可仍舊沒完成，進入遊戲室後，有氣無力地說：「好累呀，我想睡覺」、「我不想上學！」

11-3 小京抱著大白（布偶客體）拿起恐龍，向諮商師追來，嘴裡在說：「哼，看我的絕招，無敵噴火刺刺球！」

12-1「見證」實例情境練習與討論

實例情境12-1

　　治療師於遊戲單元結束前，運用了束口袋、布偶客體來進行本遊戲單元的回顧。

目標

1. 了解如何在每個遊戲單元結束前，如何進行此遊戲單元的回顧。
2. 指出治療師在哪些地方，做到了見證技巧，分別是屬於哪各向度的見證技巧呢？
3. 體會此時治療師的見證，對兒童可能會有怎樣的影響與效果？

編號	心理師口語內容	技巧	說明
12-1-1	CO：（拿起布偶客體看著兒童）○○，我們今天的遊戲時間到了。		
12-1-2	CL：（放下手裡的玩具看著心理師）這麼快，我還想再玩一會呢！		
12-1-3	CO：（看著布偶客體小青）小青，我們的○○有點捨不得離開。		
12-1-4	CL：是呀，我還想再玩一會兒。		
12-1-5	CO：（心理師拿著布偶客體看著兒童，心理師跟布偶客體對話）是哦，小青，你看○○剛才玩疊疊樂玩得好開心呀！		
12-1-6	CL：（開心地笑著）疊疊樂很有意思，我疊得好高。		
12-1-7	CO：（揮動布偶客體的手，愉快地跳著，心理師對著布偶客體說）嗯，小青你也很高興喔！我跟你講，剛才○○自己把疊疊樂疊得好高，好開心喲！		
12-1-8	CL：（開心地伸手握住布偶客體的手）		
12-1-9	CO：（把布偶客體放到桌子上，拿起束口袋遞到兒童面前，用布偶客體的語氣說）○○，我們現在來抽束口袋吧！		

編號	心理師口語內容	技巧	說明
12-1-10	CL：（著急地說）快點，我要看這次我會抽到什麼？		
12-1-11	CO：（對著布偶客體說）小青，○○好著急，好期待今天會抽到什麼東西。		
12-1-12	CL：（把手伸進束口袋摸）會是什麼呢？		
12-1-13	CO：真的好想知道呀！		
12-1-14	CL：（抽出一個棒棒糖）棒棒糖！		
12-1-15	CO：哇，棒棒糖哦！ 你可以現在吃，也可以帶回去吃。		
12-1-16	CL：我要帶回去吃。		
12-1-17	CO：（拿著布偶客體朝○○揮手）嗯，○○要帶回去吃，小青，我們和○○說再見吧。		

整體感受

實例情境12-2

　　在遊戲單元結束前，治療師運用布偶客體的見證和回顧，進一步提升兒童自尊、自信。

目標

1. 指出治療師在哪些地方運用了見證技巧。
2. 體會治療師在運用見證技巧時，兒童會有怎樣的心理感受，能產生怎樣的治療效果？
3. 學習運用見證技巧來提升兒童自尊、自信。

編號	心理師口語內容	技巧	說明
12-2-1	CL：（從束口袋裡抽出一顆牛軋糖）我最愛吃這個了！		
12-2-2	CO：○○覺得很滿意、很開心哦！		
12-2-3	CL：（坐在地板上，自己剝開糖紙吃了起來）		
12-2-4	CO：（拿出布偶客體青蛙瓜瓜）今天，瓜瓜看到○○玩了照顧娃娃的遊戲，你還很體貼地給小娃娃蓋被子。		
12-2-5	CL：（邊吃糖邊說）我還餵她吃飯……		
12-2-6	CO：（拿著布偶客體瓜瓜）嗯，○○還餵小娃娃吃飯，而且都是你做的飯菜呢。		
12-2-7	CL：（一邊吃糖一邊專心地聽）		
12-2-8	CO：瓜瓜還看到，你在給小娃娃洗頭時，都很小心地捂著她的眼睛，不讓水和泡沫進眼睛哦。		
12-2-9	CL：眼睛……害怕。		
12-2-10	CO：嗯，○○害怕水進眼睛，所以也很小心地保護小娃娃。		
12-2-11	CL：（手上捏著糖紙）		
12-2-12	CO：（以布偶客體瓜瓜的語氣說）你今天還給我選了一張「想念」的情緒卡片哦，不在遊戲室的時候，你會想念我。		

編號	心理師口語內容	技巧	說明
12-2-13	CL：（看著瓜瓜）我……我下週還來。		
12-2-14	CO：（以瓜瓜的語氣說）嗯，我在這裡等著你。		
12-2-15	CL：（站起來，看著瓜瓜說）我要去找媽媽了，再見。		
12-2-16	CO：（拿著瓜瓜向○○揮手，以瓜瓜的語氣說）○○要去找媽媽了，再見。		

整體感受

12-2「見證」模擬情境練習

扮演重點提示

1. 扮演兒童者試著展現出能力、完成作品或很正向的遊戲內容或遊戲行為。
2. 扮演諮商師者針對兒童正向的表現，進行布偶客體的見證。
3. 當扮演諮商師的夥伴運用布偶客體進行見證技巧時，就順著聆聽諮商師反應後有的感受繼續扮演下去。

目標

1. 能體會見證技巧的內涵，並能在適當時機運用。
2. 能夠很自然的將布偶客體帶出來進行見證技巧。
3. 體會諮商師特定與布偶客體對話見證正向的行為表現握能力時的感覺是什麼？有這樣的連結跟緊師諮商師做提升自尊或追蹤描述行為反應技巧有無不同？值得大家討論與體會。

模擬情境

12-1 小明成功地把的疊疊樂全部疊上去，此時諮商師運用布偶客體進行見證小明成功疊上去的行為。

12-2 小英很專注地在畫圖，都沒回應諮商師的反應，此時，諮商師運用布偶客體對話見證小英的專注投入與情感。

12-3 小建拿著老虎打敗要入侵森林的蛇、女巫等侵犯者，然後開心地拿著老虎大聲地說「我就是森林之王，我要保護這個森林」，此時諮商師運用布偶客體見證小建剛才整個老虎打敗入侵者的遊戲過程。

13-1「鏡射」實例情境練習與討論

實例情境13-1

　　兒童在最後一次遊戲單元，兒童運用布偶客體小熊陪伴一個小嬰兒娃娃的過程，整個過程兒童不說一語。

目標

1. 體會及感受「配口白」、「發聲」技巧的過程，治療師是如何試著將兒童內在的感受、想法以第一人稱的口吻表達出來。
2. 分享看了此短片的體會、心得或疑惑。
3. 當治療師替兒童或布偶「配口白」、「發聲」的過程，對遊戲過程中的兒童產生了什麼意義？
4. 體會「配口白」、「發聲」的技巧，在遊戲中治療師運用的情境是什麼樣的？起到了什麼樣的作用？

編號	心理師的口語內容	技巧	說明
13-1-1	CL：（擺好茶壺和煮的食物，放在嬰兒娃娃面前）		
13-1-2	CO：娃娃，你看！我們喝茶咯……今天，我要請你吃大餐。		
13-1-3	CL：（認真地餵娃娃喝茶）		
13-1-4	CO：（以娃娃的口吻）能喝到茶我好開心喲！謝謝○○。		
13-1-5	CL：（餵娃娃吃食物，並發出打嗝聲「呃」）		
13-1-6	CO：（以娃娃的口吻）嗯……好好吃！Yummy yummy……吃得好飽呢！呃……都打嗝了呢！		
13-1-7	CL：（收回碗碟到玩具架）		
13-1-8	CO：嗯……把碗碟收回去了。吃完過後呢，你都沒亂丟，把東西好好地收回去了。		

編號	心理師的口語內容	技巧	說明
13-1-9	CL：（拿著裝有玩偶的碗，示意嬰兒娃娃看）		
13-1-10	CO：（以兒童的口吻）嗯……你看！娃娃你看！什麼來著？		
13-1-11	CL：（拿著娃娃看了一眼，然後作出害怕躲閃動作）		
13-1-12	CO：（以嬰兒娃娃的聲調）呃……我不要啊！我怕……（碗中裝的是一些蜘蛛、恐怖的昆蟲）		
13-1-13	CL：哈哈哈！		
13-1-14	CO：（同步兒童）哈哈哈……嚇著你了吧！		
13-1-15	CO：（以嬰兒娃娃的口吻）啊呀呀呀……好可怕哦！好可怕的蜘蛛呀！		
13-1-16	CO：（以嬰兒娃娃的聲調）呃呃呃……好怕！……好怕！		
13-1-17	CL：（又拿來一個碗，淘氣笑著慢慢打開）		
13-1-18	CO：（以兒童的口吻）不哭不哭，再來看一個……噔噔噔！啊啊啊！		
13-1-19	CO：（以嬰兒娃娃的聲調）哇……這個哦！這個我更怕，我不要看，我蓋起來（眼睛）！我不看我不看……（娃娃倒地）我要躲起來了！咦……好恐怖的蛇！		
13-1-20	CL：哈哈哈哈……哈哈哈！		
13-1-21	CO：（同步兒童）哈哈哈哈哈……哈哈哈！		
13-1-22	CO：（以布偶小熊的口吻）○○不要嚇娃娃了，娃娃都嚇哭了！歐……娃娃不哭了，娃娃……沒有沒有蛇啦！起來吧，起來吧！		
13-1-23	CL：（用布偶小熊扶起倒地的嬰兒娃娃）		
13-1-24	CO：（以娃娃的口吻）好啦好啦……○○，不要每次都嚇我吧！		
13-1-25	CL：（撿起嬰兒娃娃掉的髮箍，幫娃娃戴好）		

編號	心理師的口語內容	技巧	說明
13-1-26	CO：（以兒童口吻）好啦，不嚇你啦！你看，髮箍都嚇掉了……		
13-1-27	CL：（把裝有蛇的碗拿開）		
13-1-28	CO：好，放回去了，不怕不怕，跟你玩玩而已！		
13-1-29	CL：（把布偶小熊放娃娃旁邊）		
13-1-30	CO：（以布偶小熊的語調）不怕啦，我來陪你，小熊我跟你一起玩。		

整體感受

實例情境13-2

　　兒童的第二次遊戲單元，兒童在與布偶客體小狗可哥玩煮飯餵食的遊戲，整個過程兒童很少說話。

目標

1. 在這段遊戲片段中，請體會及感受「發聲」「反映關鍵口語」「配口白」技巧有什麼不同？治療師在配合這些技巧時又加入了哪些技巧？
2. 治療師在運用布偶客體「發聲」時，兒童的內心會感受到什麼？
3. 運用布偶客體「發聲」和治療師直接進行口語回饋，你覺得有什麼不同呢？

編號	心理師的口語內容	技巧	說明
13-2-1	CL：（站在遊戲室門口，看向玩具架）		
13-2-2	CL：好多玩具，這次要玩些什麼呢？		
13-2-3	CO：（手裡拿著布偶小狗可哥，模仿可哥的聲音說）要玩點什麼呢？		
13-2-4	CL：（兒童走向煮飯的玩具架旁）		
13-2-5	CO：（繼續模仿可哥說話）哇，你這麼快就找到了想要玩的遊戲。		
13-2-6	CL：（小心翼翼的把土豆和青椒放在了鍋裡）		
13-2-7	CO：（抱著可哥，繼續模仿可哥說話）你把土豆和青椒放在了鍋裡，哇，你都知道怎麼樣搭配食物呢！		
13-2-8	CL：（用鍋鏟做著炒的動作）		
13-2-9	CO：（抱著可哥，繼續模仿可哥說話）炒炒炒，哇，看上去很好吃哦！		
13-2-10	CL：（兒童想把香菇也放進鍋裡，而鍋太小，掉了出來）		
13-2-11	CO（模仿可哥說）CL（與心理師一起同步說）：哎呦，掉了！		

編號	心理師的口語內容	技巧	說明
13-2-12	CL：（揭開蓋子，把食物放到了小狗的嘴邊，開心的笑）		
13-2-13	CO（模仿可哥說）：哇，食物做好了，你很開心，謝謝你餵我吃。（開心的搖著腦袋）		
13-2-14	CL：（放一顆草莓在小狗的嘴上，餵它吃）		
13-2-15	CO（模仿可哥說）：哇，又來了一個好吃的食物，吧唧，吧唧（模仿嘴巴咀嚼食物的樣子）		
13-2-16	CL：（又拿了一盒牛奶，放在小狗嘴邊）		
13-2-17	CL：這個是你喜歡的。		
13-2-18	CO（模仿可哥說）：哇，你都還記得我喜歡喝牛奶，謝謝你。		
13-2-19	CL：（把玉米放到小狗的嘴邊）		
13-2-20	CO（模仿可哥說）：哇，又來新菜了，吧唧吧唧。（模仿嘴巴咀嚼食物的樣子）		
13-2-21	CL：（看著食物不知道該選哪一個，微微皺起眉頭，抿著嘴巴）		
13-2-22	CO（模仿可哥說）：嗯，你很猶豫下一個做什麼菜呢？		

整體感受

13-2布偶客體「鏡射」模擬情境

扮演重點提示

1. 扮演兒童先醞釀出一些情緒、意圖或渴望，然後再開始扮演，並試著將其內在的情緒、意圖或渴望，表達在這些遊戲行爲（動作）過程。
2. 扮演過程，兒童可以有自發地帶著內在情緒、意圖或渴望的口語或表情呈現。
3. 當扮演諮商師的夥伴運用布偶客體進行鏡射技巧時，就順著聆聽諮商師反應後有的感受繼續扮演下去。

目標

1. 能體會鏡射技巧的內涵，並能在適當時機運用。
2. 能夠很巧妙地透過布偶客體進行鏡射技巧。
3. 體會由布偶客體進行鏡射相關技巧時的感覺是什麼？
4. 當布偶客體進行鏡射相關技巧反映時，跟諮商師做情感反應技巧有無不同？值得大家討論與體會。

模擬情境

13-1. 小明拿起一個小人玩偶，將其放到玩具車上，邊放邊說：「坐好了，我要帶你去海邊兜風哦！」請以小人玩偶或小明的角色做反應。

13-2. 君君拿起注射器，給玩偶娃娃打了一針。請以玩偶或君君的角色做反應。

13-3. 小鎧拿起「金箍棒」對著布偶娃娃不停地打。請以布偶娃娃的角色

13-3. 小鎧拿起「金箍棒」對著布偶娃娃不停地打。請以布偶娃娃的角色
做反應。

13-4. 依依將美食放進鍋裡,拿起鏟子在鍋裡翻來翻去的炒菜。請以依依
角色做反應。

國家圖書館出版品預行編目資料

結構式遊戲治療技巧實務練習本／鄭如安，劉
秀菊，王素文，李志峰，周潔，唐纓，彭
羽，崔冰冰作. -- 初版. -- 臺北市：五南
圖書出版股份有限公司, 2021.12
　　面；　公分
　　ISBN 978-626-317-366-8 (平裝)

1.遊戲治療　2.手冊

178.8026　　　　　　　　　110018741

1B2F

結構式遊戲治療技巧實務練習本

作　　　者 ― 鄭如安（382.5）、劉秀菊

協同作者 ― 王素文、李志峰、周潔、唐纓、彭羽、崔冰冰

發 行 人 ― 楊榮川

總 經 理 ― 楊士清

總 編 輯 ― 楊秀麗

副總編輯 ― 王俐文

責任編輯 ― 金明芬

封面設計 ― 姚孝慈

出 版 者 ― 五南圖書出版股份有限公司

地　　　址：106台北市大安區和平東路二段339號4樓

電　　　話：(02)2705-5066　　傳　　真：(02)2706-6100

網　　　址：https://www.wunan.com.tw

電子郵件：wunan@wunan.com.tw

劃撥帳號：01068953

戶　　　名：五南圖書出版股份有限公司

法律顧問　林勝安律師事務所　林勝安律師

出版日期　2021年12月初版一刷

定　　　價　新臺幣180元

經典永恆・名著常在

五十週年的獻禮 —— 經典名著文庫

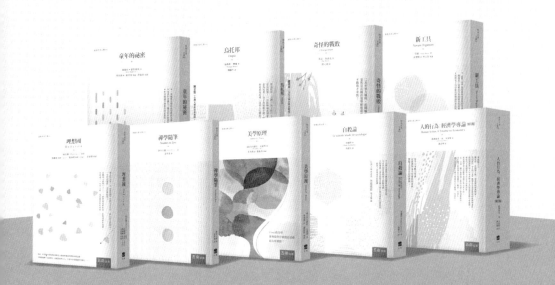

五南，五十年了，半個世紀，人生旅程的一大半，走過來了。
思索著，邁向百年的未來歷程，能為知識界、文化學術界作些什麼？
在速食文化的生態下，有什麼值得讓人雋永品味的？

歷代經典・當今名著，經過時間的洗禮，千錘百鍊，流傳至今，光芒耀人；
不僅使我們能領悟前人的智慧，同時也增深加廣我們思考的深度與視野。
我們決心投入巨資，有計畫的系統梳選，成立「經典名著文庫」，
希望收入古今中外思想性的、充滿睿智與獨見的經典、名著。
這是一項理想性的、永續性的巨大出版工程。
不在意讀者的眾寡，只考慮它的學術價值，力求完整展現先哲思想的軌跡；
為知識界開啟一片智慧之窗，營造一座百花綻放的世界文明公園，
任君遨遊、取菁吸蜜、嘉惠學子！